枇杷の花咲く

清貧の中を凛と生き抜いた母

斎藤英子
Eiko Saito

文芸社

30代の頃の母

はじめに

枇杷《びわ》の花が咲いた。

北風の中、あえかなる香りを放って。

年の暮れにひっそりと咲く、この目立たない花が、母も私も好きだ。


「おばあちゃん、枇杷の花が咲いたよ」

近所の子どもたちの「書き初め」の稽古の合間を縫って、私は母に声をかける。

「そうだねえ。今年ももう暮れだねえ」

家庭菜園の手を休めて、母が応える。

二人で白い小粒の花を見上げながら、過ぎ去った一年を振り返った。

今から二十数年前、平成八年（一九九六）の暮れのことである。

遠くの空が、あかね色に染まっていた。

時の移ろいの中で、小さな感動を分かち合った、貴重で得難いひとときだった。

このとき母は九十六歳。まだまだ丈夫で、大好きな土いじりを楽しんでいた。


それから三か月後、母は寝たきりになってしまった。

三月のまだ肌寒いある日、トイレに行ったまま動けなくなってしまったのだ。

妹と二人で母を抱えて布団に運んだ。

動かせないので、往診してくださる医師を探した。

駅前のM先生に電話をすると、夜八時頃、往診に来てくださった。

「おばあちゃん、どうした？」とM先生は明るく声をかけてくださり、丁寧に診察してくださった。

「腰の骨が折れているようだが、九十六歳じゃ、もうどうしようもないよ」

M先生は厳しいことをおっしゃる。

それが、五年半におよぶ介護の始まりだった。

常々、「百歳まで生きるんだ」と言っていた母。「入院はしたくない」との本人の願いを聞き入れて、一日でも長生きできるように（九十六歳だったから、もう十分生きたかもしれないが……）自宅で介護することに決めた。

働きながら妻と母親を介護して見送った高校の同級生が、

「どんなによく看てあげても後悔は残るよ」

と言っていたことを思い出した。

私は悔いを残さないように心を込めて看ようと思った。

老いたるは　かくの如きか
出来ることが　一つずつなくなっていく　母九十六

自宅介護が可能だったのも、M先生のお陰だ。

電話をすれば、医院の診療後にいつでも来て診てくださった。

五年半もの長い間お世話になり、いくら感謝してもしきれない。


明治三十四年（一九〇一）に生まれ、明治、大正、昭和、平成と四つの時代を、貧しさと戦いながら黙々と働き、生き抜いた母。

北風に向かって咲く枇杷の花のように、力強く清く生き、百一歳の天寿を全うした母。

その母の生涯を、私の知る限り書き残したいと思い、筆をとった。

令和元年（二〇一九）六月

斎藤英子

枇杷の花咲く
清貧の中を凛と生き抜いた母

目次

はじめに　5

一　母の若かりし頃　14

無学ながら鐘紡に就職　14
お寺の住職と結婚　18
三十八歳での高齢初産　19
農地解放で財産を失う　21
檜になろう　24

二　寺を出る　27

「お寺は自分一代限りでいい」　27
父、逝く　29

「下の娘は施設へ、お前は養老院へ行け」 31
市営住宅に入る 32
将来、二人を近くに呼びたい 33
「働けど、働けど……」 35
夫の協力に感謝 36
長年の夢が現実となる 37

三　介護生活の始まり

介護生活の始まり ― 41
感謝の日々 41
母、寝たきりになる 43
保健師さんが来てくれることに 44
母の足をさすりながら…… 46
床ずれが痛々しい 48

最後まで家で看たい　50
娘の支援に助けられる　51
ヘルパー派遣を依頼　52

四　天寿を全うする——55

時にはユーモアも　55
自分にご褒美を　56
四季の移ろい　57
夢の中で縫物？　59
日本水仙　61
ついに百歳に　62
母、永眠　63

五　母の残してくれたもの——66
諦めない心　66
「年々歳々花相似　歳々年々人不同」　68
妹のこと　70
おわりに　72

一　母の若かりし頃

無学ながら鐘紡に就職

母は明治三十四年（一九〇一）八月十四日、千葉県市原市の山村で、四人弟妹の長女として生まれた。

もともとは裕福な家庭であったそうだが、母の父親（私の祖父）が連帯保証人としての責任を取らされたとのことで（そのあたりの事情を詳しく聞ける人がもういない）、間もなく家が没落した。

そのため、母は小学校へもろくに行かせてもらえなかったという。

母はほとんど無学であったにもかかわらず上京し、鐘淵紡績株式会社（以下「鐘紡」と表記）に勤めはじめたという。

母が何歳の頃なのか、どのようにして就職したのかなど、いきさつは不明であるが、明治、大正の時代に、小学校すら満足に通えなかった女性が働くということは、さぞ大変であったろう。

明治後期になると、小学校教員や看護師などの職業婦人が注目されはじめたが、そうした職業につけた女性はまだまだ少数で、多くの女性の働き口は女工や住み込みの女中であった。

貧しくて兄弟姉妹が多い家の女の子は口減らしのため、幼いうちから子守りや女中などの奉公に出され、休日も自由時間もなく、寝る時間さえ満足にとれないほどこき使われていたと聞く。

以前、ＮＨＫの連続テレビ小説「おしん」（昭和五十八年放映）が空前の高視聴率を記録したが、主人公の「おしん」も明治三十四年（一九〇一）の生まれで、数えの七歳のときに、わずか米一俵と引き換えに、材木問屋に子守り奉公に出されたという設定だった。

そのような時代状況の中、母は鐘紡に就職し、大勢の女工さんの面倒をみていたそうである。

ということは、母は女工になったのではなく、寮母のような仕事をしていたのかもしれない。

ともかく、母は女工さんたちの面倒をみながら、家へ仕送りを続け、自分も一緒に勉強したという。

休日には女工さんたちを連れて、東京の名勝をあちこち見学してまわったそうだ。

自分とあまり年の違わない女工さんたちと一緒に出かけるのは、母にとっても楽しかったことだろう。

母はその後、いろいろと仕事を変えたようだが、鐘紡以外の話はあまりしたがらなかった。

晩年の母は「鐘紡にいたときと今が一番幸せだ」とよく言っていた。それほど過酷な日々を過ごしたということだろうか。

ところで、母が鐘紡にいた頃は、社長の武藤さんの方針で、玄米をよく噛んで食べていたという。

今のように便利な電気釜のない時代に、どのようにして玄米を炊いていたのだろうか。

もっとも、江戸時代までは玄米を食べていたのだから、何とか工夫して炊いていたのだろう。

母は働きづめで苦労してきたわりには丈夫で、晩年まで歯もそろっていたし、何よりも百一歳という長寿を全うできたのは、若い頃のこうした食習慣の影響があるのかもしれない。

私も食に関しては神経をつかうほうで、玄米を主食に無農薬野菜をとるように心がけている。

お寺の住職と結婚

母は、結婚はしないつもりだったらしいが、時代的にそうも言っていられなかったのだろう。

縁あって千葉県茂原の比較的大きなお寺の住職のもとに嫁ぐことになった。

どのようないきさつでお寺に嫁ぐことになったのか、そのあたりの話は聞かされていないので不明である。

夫になる住職は十六歳年上であった。

嫁ぐにあたって、実家の人たちから、

「百三十戸余りの檀家をすべて小姑だと思って仕えるように」

と言われたそうで、母は夜もほとんど寝ずに働き通したという。

広い本堂をはじめ、庫裏や境内もいつもきれいに掃除をして、塵ひとつなかった。

ガスや水道はなく、かまどに薪をくべて料理し、水は井戸から汲んで炊事や洗濯などをしていた。

現在のような電化製品の完備した生活からは想像もできないほど厳しいものであった。

三十八歳での高齢初産

母は昭和十四年（一九三九）四月に、千葉大学附属病院で私を産んだ。数えで三十八歳という高齢での初産だったので、当時は母子共に健康なのは珍しがられたという。

二年後の昭和十六年（一九四一）には、私の妹の尚子《ひさこ》が誕生した。妹は生まれつき体が弱く、そのことで母はずいぶん苦労をすることになった。

当時はまだテレビはなく、農村にはこれといった楽しみもなかったので、村人たちは何かと口実を作ってはお寺に集まり、夜遅くまで飲んで騒いでいた。

そして最後には喧嘩になり、物を投げて壊したりするのが日常茶飯事だった。

夜が更けてから、冷たい水で器を洗っている母の小さな背に、私は幼いながらも悲哀のようなものを見ていた。


戦争中はお寺のわが家には、東京の学童疎開児たちが身を寄せていたり、北海道の兵隊さんたちが駐留したりしていた。

戦争末期、東京はアメリカ軍による空襲を百回以上受けた。

その中でも昭和二〇年（一九四五）三月十日の夜間の空襲（下町空襲）では、死者数が十万人を超え、罹災者は百万人を超えたという。

学童疎開で来ていた人の中には、帰ってみたら両親がアメリカ軍による大空襲で亡くなっていたとか、そういう悲しい話も聞いた。

また、そのときに疎開児の中で級長をやっていた方とは、最近まで年賀状のやり取りをしていた。

兵隊さんの中に、郷里に私と同じくらいの子どもがいるという人がいて、「強くなれよ」と言って抱っこしてくれたり、線香花火をして楽しませてくれたりした。

兵隊さんたちも十分な食料がなかったのか、池の鯉をつかまえたり、蛇や蛙を取ったりして食べていた。

そのうち軍歌を歌いながら、どこかへ行ってしまった。

九十九里辺りに上陸するとか言われていたので、そちらの方面に行ったのかもしれない。

農地解放で財産を失う

寺の仕事は際限がない。

特に子どもにとっては楽しいはずの夏休みが繁忙期にあたる。

「月遅れの盆」（八月十三日〜十五日）に続き、十六日はお施餓鬼で、お寺にとっては一年で一番の繁忙期だ。

何事も「お盆が過ぎるまでは」の言葉に従わざるを得ず、私も手伝いに明け暮れていた。

しかし、お盆が過ぎれば夏の日差しは急速に衰え、秋の気配がしのび寄る。友引の日を待って、「約束だから」と海へ連れて行ってもらっても、すでに土用波が立っていて人影も見当たらない。

小雨の降る肌寒い海岸を、傘をさしながら家族で歩き、地引網からこぼれた小魚を拾ってきては、煮て食べた。

子どもの頃の夏休みは、そんな惨めな思い出しかない。

寺は地主だったこともあり、身を粉にして働いてきた母は、老後は少し楽ができるかと考えていたらしいが、戦後の農地解放のあおりで財産を全て失ってしまった。

農地解放とは「農地改革」ともいい、ＧＨＱの指揮で、地主が保有する農地を政府が強制的に安値で買い上げ、実際に耕作していた小作人に売り渡したことを言う。これによって多くの地主が土地を失った。

近隣では比較的大きなお寺だったが、格式ばかりで収入はほとんどなかった。それは他の寺も同じで、知り合いの住職たちは役場勤務とか教員とか、皆二足の草鞋をはいていた。

戦争が終わって、縄ないなどをしていた父を見た人が、「正七位を持っている人がそんなことをしていてはいけない」と役場に紹介してくれた。

その後、村会議員になったりもしたが、いかんせん父は年を取り過ぎていた。

父の本棚には仏教の専門書をはじめ、俳句歳時記など、さまざまな本が並んでいた。

その中に夏目漱石や芥川龍之介などの作品があり、私は本棚から取り出してよく読んでいた。

特に漱石の『坊っちゃん』と『吾輩は猫である』は、私が本好きになったきっかけの本である。

ところが、食料もろくになかったため、父の蔵書をリヤカー一台分売ってしまったことがある。

子どもの私にはどうすることもできなかったが、今思うと本当に残念でならない。

檜になろう

そんな中、私は中学校卒業の時期を迎えた。

「余裕がないから働かせる」と言う両親に、「勉強したい」と一週間泣いて頼み込み、奨学金を借りることを前提に高校へ行かせてもらった。

昭和三十年（一九五五）のことである。

その高校に大学出たての熱血漢の先生が赴任してみえて、いろいろユニークな試みをしてくれた。

あるとき商業の時間を丸々つぶして、井上靖の自伝的小説『あすなろ物語』を読んでくれた。

感銘を受けた私は、すぐ書店に走って購入し、続きを一気に読んだ。

十五歳の生意気盛りだった私は、将来自分も必ず檜になろうと心に誓った。

あれから何十年過ぎただろう。

何かと実家の相談にのったり、母や妹を介護して見送ったり、ウロウロしている間に空しく年月が過ぎて、何者にも成り得ぬまま八十路を迎えてしまった。

しかし、高校進学も就職も、そして結婚生活も、苦労続きの母の近くにいて、何かと相談に乗ってあげられることを前提に生きてきた。

あすなろのまま何者にも成り得なかったが、自分の生き方に後悔はない。

ちなみに、そのときの師は立派な檜になられて、今でもご活躍されていらっしゃる。

二　寺を出る

「お寺は自分一代限りでいい」

お寺は住職が亡くなると、残された家族は悲惨だという話は耳にしていた。ひとつには、お寺を継ぐ者がいない限り、そこを出なければならないからだ。父亡き後、私たち家族もそんな悲惨さを身をもって知ることになる。

話が少し前後するが、父の死後、私たちは寺を出る決心をした。父は田舎の貧乏寺で苦労したので、「お寺は自分一代限りでいい」と常々言っていたこともあり、寺に住み続ける意味も必要もなかったからだ。

母に劣らず、父の生い立ちも厳しいものであった。
先祖は刀鍛冶だったそうであるが、父は幼い日に両親を亡くし、お寺に預けられた。
他人の中で育ち、どんなにか辛い日々を送ったことだろう。
厳しい修行に明け暮れて、いろいろ勉強もしてきたのだろう。

お寺の住職だった父

物知りで、書も上手かった。
本棚に俳句歳時記があったが、父も若い頃から俳句をたしなんでいた。
お経も声量があって、とても上手いと檀家さんたちにほめられていた。

郵便はがき

料金受取人払郵便

新宿局承認

1409

差出有効期間
2021年6月
30日まで
（切手不要）

160-8791

141

東京都新宿区新宿1－10－1

（株）文芸社
愛読者カード係 行

お名前《ふりがな》		明治 大正 昭和 平成 年生 歳	
ご住所《ふりがな》	□□□-□□□□	性別 男・女	
お電話番号	（書籍ご注文の際に必要です）	ご職業	
E-mail			

ご購読雑誌（複数可）	ご購読新聞 新聞

最近読んでおもしろかった本や今後、とりあげてほしいテーマをお教えください。

ご自分の研究成果や経験、お考え等を出版してみたいというお気持ちはありますか。

ある　ない　内容・テーマ（　　）

現在完成した作品をお持ちですか。

ある　ない　ジャンル・原稿量（　　）

書　名				
お買上 書　店	都道 府県　　　　市区 郡	書店名	書店	
		ご購入日	年　　月　　日	

本書をどこでお知りになりましたか?

1.書店店頭　2.知人にすすめられて　3.インターネット(サイト名　　　　)

4.DMハガキ　5.広告、記事を見て(新聞、雑誌名　　　　)

上の質問に関連して、ご購入の決め手となったのは?

1.タイトル　2.著者　3.内容　4.カバーデザイン　5.帯

その他ご自由にお書きください。

(　　　　)

本書についてのご意見、ご感想をお聞かせください。

①内容について

②カバー、タイトル、帯について

弊社Webサイトからもご意見、ご感想をお寄せいただけます。

ご協力ありがとうございました。

※お寄せいただいたご意見、ご感想は新聞広告等で匿名にて使わせていただくことがあります。

※お客様の個人情報は、小社からの連絡のみに使用します。社外に提供することは一切ありません。

父は千葉刑務所で教誨師《きょうかいし》をしていたが、所長と意見が合わず、それも辞めた。間もなく脳溢血で倒れて寝たきりになった。この後、家での三年半の闘病が続くことになる。

昭和三十年代の頃は、介護に関しては充実しておらず、母も苦労していた。母が父のおむつを替えるのを見たとき、思わず息を吞んだ。床ずれで背中の肉がさけて、背骨が白く見えたからだ。痛々しかった。

でも、「痛い、痛い」と弱音を吐く父ではなかった。

父、逝く

ある五月晴れの朝、庭の大紫つつじがきれいに咲いていたので、それを折って花瓶に生けて、私は出勤した。

父はそれを見て、

「きれいだね」

としっかりした声で言った。

そして手に腕時計をはめて、

「明日、握り飯を作ってくれ」

と母に言ったという。

きっと旅立つ日がわかっていたのだろう。


意識が最後までしっかりしていたので、さぞ痛かったろうに、「誰それさんに会ってきて、お酒もたくさん飲んだから（その実、飲んでいなかったが）満足だ」と言って、翌朝息を引き取った。

昭和四十一年（一九六六）、八十歳だった。

私は二十六歳になっていた。


私と二歳違いの妹は生まれつき体が弱く、腸や鼻や乳がんも患い、手術を繰り返していた。

そんな妹と父の介護で、母は全部揃っていた歯が浮いてしまったと言っていた。

しかし、密葬と一か月後の本葬と、休む暇もなかった。

梅雨空や　あまりに軽き　父の骨

ようやく一段落したが、お寺を出ようにも現金も退職金のようなものも、まして住む家もない。

年老いた母と病弱な妹をかかえて、私は途方に暮れてしまった。


「下の娘は施設へ、お前は養老院へ行け」


父は寝ているとき、母にこう言ったらしい。

「下の子（妹のこと）は施設へ入れて、お前は養老院へ行け」

そんな話を、父が亡くなってしばらくしてからに母に聞いた。

もし生前に知っていたら、

「そんな悲しい生き方はしたくない。私が何とかする」

と言って安心させることができたのにと、残念に思った。

今と違って、戦後の老人ホームは「養老院」と呼ばれ、老衰・疾病・貧困などによって生活ができない人を保護する施設として作られたものだ。

仕事も収入もない貧困の生活保護者たちの、いわば〝姥捨て山〟のような施設だった。

どんなことがあっても、そんなところに母を入れることはできない。

市営住宅に入る

私は昭和三十三年（一九五八）に高校を卒業すると、日立製作所茂原工場に就職した。

父が亡くなった当時、私はまだそこに勤務していたが、退勤後、近くに空き家がないかと自転車で探しまわった。

長女の私が何とかしなければと、若さと負けん気で必死に探しまわったが、今と違って空いている家はなかなか見当たらなかった。

そうこうするうちに、運よく近くの市営住宅に入れることになった。

私たちがお寺を出た後には父のお弟子さんが入ることになっていたが、檀家の方々と行き違いがあったらしく、その後何年も無住寺になっていた。

将来、二人を近くに呼びたい

母と妹を市営住宅に落ち着かせて、私は人の紹介で会社員と結婚した。結婚と同時に退職して社宅に移った。

昭和四十二年（一九六七）、二十七歳のときであった。

私が結婚で家を出たために、二人がどんなにか心細かったかと心が痛んだ。

私としては自分の家庭をしっかり築いて、将来、二人を近くに呼びたいと考えていたが、あくまでも希望であり、母には言い出せなかった。

母はそこから三十分ほどかけて、歩いてお寺の留守番に通った。

あるとき寺の屋根のふき替えをした際、ふき替えで出たゴミなどを裏の竹藪で焼却した。

しっかり消したつもりであったが、心配になって夜中にもう一度確かめに行ったという。

几帳面な母らしいエピソードである。

「働けど、働けど……」

ようやく母たちが落ち着いたと思った市営住宅だが、何年か後に払い下げられるとのことで、年金だけの収入では買い取ることもできずに住めなくなったために、お寺の近くにできた空き家を借りてまた引っ越した。

母は若い頃に見てもらった手相見から、

「少しも良いところがない。年老いて住居で苦労する」

と言われたとか。

少しも良いところがないなら一生懸命に働くしかないと決めて、そのように生きてきた。

私の妹が病弱だったために、いつまでも苦労がついてまわり、心身ともに楽になることはなかった。

啄木の「働けど、働けど……」の歌が彷彿とさせられる。

貧しさに　耐えし遠き日　啄木忌

故郷《ふるさと》は　母の胎内　啄木忌

夫の協力に感謝

私の夫は技術者で、技術指導のためインドや中国など、発展途上国への長期出張が多かった。

下の子が生まれたときもインドに行っていて不在だった。

そのため、子どもたちが小さい頃は、二人を自転車の前後に乗せて病院通いをするなど、とにかく大変だった。

しかし、真面目で働き者の夫は、自他ともに厳しい人であるが、私の事情を理解して何かと協力してくれた。そのことに対しては、今でも心から感謝している。

平成元年（1989）、千葉県展で入選した作品の前で

子育ての合間をぬって、私は書道師範の資格を取得した。海外出張で航空機に乗る機会の多い夫に、もしものことがあったらと考えてのことであるが、主婦が夫に気兼ねなく使えるお金を持てることは魅力であった。

同時に幼くて元気な子どもたちと勉強できるのが楽しかった。

長年の夢が現実となる

それから数年後、たまたま私の自宅の隣家が空いたので借りることにした。

これで母と妹をそばに呼ぶことができる。私の長年の夢がようやく現実となるのだ。嬉しい知らせを一刻も早く届けようと、母のもとに急いだ。春まだ浅い、三月の末のことだった。

借家の庭の隅の陽当たりの良いところにエンドウの柵を作ってあって、ピンクのきれいな花がたくさん風に揺れていた。

日立製作所へ勤務していた頃、母と自宅の庭で

母は縁側にすり鉢を持ち出して、ふきのとうの味噌（蕗味噌）を作っていた。

蕗味噌といえば、春になると母は真っ先に作って食卓にのせていた。

母手作りの蕗味噌は格別においしく、私たち家族はみんな大好きだった。

庭いじりが好きな母は、越してきてからも狭い庭に野菜の種をまいたり、花の苗を植えたりして、その成長を楽しんでいた。

また、庭でとれた野菜をぬか漬けにして朝毎に届けてくれ、子どもたちも「おいしい、おいしい」と喜んで食べていた。

母はどこに行っても、すぐにそこの生活に馴染める性格の人であった。いろいろなところに身を置いて、さまざまな仕事をしてきたからかもしれない。

すでに八十歳近くになっていたが、私が呼ぶのを待っていてくれて、この知らせを何よりも喜んでくれた。

母連れて　茄子苗を買う　朝市に

母の日も　米寿の母は　畑《はた》を打つ

山好きの母　老いて尚　蕨《わらび》摘む

三　介護生活の始まり

感謝の日々

若い頃から、働いても働いても苦労続きだった母を、妹と共に自宅の隣へ呼ぶことができた。

毎日顔を合わせて話ができるようになり、私は嬉しかった。

私の二人の子どもたちも順調に育って、それぞれ職を得ることができた。

有り難く、感謝の日々。

畑仕事　出来るあてなき　母なれど
　南瓜の種を　丹念に干す

耳遠くなりし母なり　背を丸め
　秋陽を浴びて　えんどうを播《ま》く

特に大きな病気をすることもなく、母は卒寿を迎えることができた。その慶びと感謝を、私はつたない短歌と俳句にしたためた。

母卒寿　薊《あざみ》花咲く　野に住みて

暑さ未だ　残る畑に　茄子をもぐ
　母九十にして　病いを知らず

手作りの　大根こっくり　煮含めて
母九十の　健やかな冬

母、寝たきりになる

母を自宅のそばに呼び寄せて、早十六年の年月が過ぎていった。

九十六歳になった母は、とうとう寝たきりになってしまった。

三月に寝ついて以来、順調に介護できていたが、十二月に入り寒くなってからは、「足が痛くて眠れなくなった」と言うようになった。

あまりにも痛がるので、おむつ替えもできなくなってしまった。

M先生に往診を頼んで診てもらうと、

「また腰の骨が折れてしまったようだ。痛がっても心を鬼にして替えてあげなさい」

と言われる。

でも、痛くて顔をしかめる様子を見ると、私にはとてもできない。

いつもおむつを替えて、きれいに拭いてあげると、

「あー、いい気持ち。ありがとうよ」

と言っていたが、その言葉も聞くことができない。

保健師さんが来てくれることに

会社から帰った夫に相談したら、

「布団を丸くくり抜いて、畳の下に洗面器のような物を置いて用を足すようにしたらどうか」

と言って、読みかけの新聞に図を描いて説明してくれた。

だが、水をたくさん飲むので、のべつまくなしにおしっこが出ているし、この寒さではとても現実的ではない。

どうしたらいいか、相談に乗ってくれそうな所をいろいろ考えて、市の高齢者の担当に電話を入れてみた。

担当の男性は丁寧に話を聞いてくださり、

「あまりそういう話は聞きません。ほとんどの人は、手が足りないとか大変だからと言って病院や施設に入れてしまうのですが、斎藤さんはよく面倒を看ているのに何ら回答ができなくて申し訳ありません」

と言われた。

保健センターに電話をしてみると、

「健康管理課に保健師さんがいるので問い合わせてみたらどうですか」

と教えてくれたので電話してみたところ、明朝訪問してくださるとのこと。ひとまずホッとする。

ちなみに、保健師さんとは保健師助産師看護師法に定められている資格職のことで、市町村の保健センターや企業や学校に常駐して、病気やケガを予防するための保健指導や健康診断などの仕事を行う人のことをいう。

母の足をさすりながら……

少しでも痛さが紛れたらと足をさすってあげながら、その夜は母と昔話などいろいろな話をした。

母のすぐ下の一番仲の良かった弟（私から見たら叔父）の話。

この叔父は大正十二年（一九二三）の関東大震災の時、東京から命からがら逃げてきて、一週間ぶりに辿りついた親戚の家で冬瓜の汁を御馳走になり、

「あんなにおいしいものはなかった」

と言っていたそうだ。

叔父は職を退いてからは書道や短歌に親しんでいたが、母より先に米寿で旅立ってしまった。

次の歌は叔父の絶詠である。

沈む日の　燃え極まりし　美しさ
老いにもかかる　充足のあれ

母が逝ったときには、この叔父が（あの世から）迎えに来てくれたらしい。


もう一人、母と十六歳違いの一番下の弟は、

「姉さんのやつれた顔なんか見たくないよ」

とか言って、寝ついたときに一度来ただけだった。以前はよく来ていた。

彼も俳句を趣味とし、句集も二度ほど出版していた。

母の通夜にみえたときにも俳句を詠んでいた。


また、母が小学校へおぶって通っていたという妹（私の叔母）は、あるとき廊下で遊んでいてコロリと寝てしまい、それを見た若い男の先生がニヤリと笑って

通り過ぎたという話。

この妹の嫁ぎ先の姑は、西郷従道《つぐみち》（隆盛の実弟）のところで奉公していたことがあるとかで、大変厳しい人だったとのこと。どうりでこの叔母は母より料理が上手だった。

床ずれが痛々しい

翌朝、市の保健師さんがみえて、まずはぬれた布団を乾いた布団に取り換えようということで、ビニールを二枚敷き、悲鳴を上げる母を妹と一緒に抱えて移した。

そのとき、背中と足に床ずれがたくさんできているのが見えた。

一部は崩れて肉が見え、痛そうだった。

父の場合もそうだったが、床ずれは寝たきりになった人を苦しめる。

床ずれは栄養状態も大いに影響すると聞き、早ければ二時間ぐらいでできるので、口当たりの良いものだけでなく、根菜類等もしっかり煮込んで食べさせようと思った。

母は虫歯が一本もないのが自慢で、寝付いてもおにぎりでもたくわんでもお皿を胸の上に乗せて、手で上手に食べていた。

水は良い水を買ってきて、常に枕元に二リットルのボトルを置いておき、飲みたいときに飲んでいた。

五年半もの間、よく誤嚥もなかったと感心する。根が丈夫なのだ。


今後、一人で介護することは無理なので、ヘルパーさんをお願いすることにする。保健師さんは書類をたくさん置いて、帰っていかれた。

母と同居する二つ違いの妹は身体が弱く生まれついて、生涯七回もそちこち手術を繰り返してきた。

母のおむつ替えをすることもなく、その度に一日何回も私を呼びにきた。

寝たきりの　母のむつきを　替える夜の
　手に息かけて　冬がまた来る

最後まで家で看たい

その日の午後、指示された床ずれの薬や痛み止めの座薬等いただきに病院へ行った。

「老人病院へ入れたらどうですか」

と先生に言われた。

しかし、もし入院させたらすぐだめになるような気がして、大変でも近くにいて毎日顔を見ていたいので「最後まで家で看たい」と、私の希望をお伝えした。

手当てが効いたのか、翌日は晴れやかな顔をしていた。

久々に息子と娘も顔を出し、

「おばあちゃん、どう?」

と娘が声をかけると、「大丈夫」というようにうなずいていた。

その表情を見て娘も、

「おばあちゃん、元気そうだね。良かった」

と胸をなで下ろしていた。

娘の支援に助けられる

娘は遠方に勤務していたが、週末や長期休暇には帰宅して介護の手伝いをしてくれ、ずいぶん助かった。

勤務の関係で医療に関して多少の知識があり、MRSA(メチシリン耐性黄色ブドウ球菌)の恐ろしさや、ビニールの手袋をつけないでおむつ交換をしてはいけないなど、介護上の注意事項をしっかり教えてくれた。

翌日も保健師さんがみえてキズの手当をしてくださり、エアーマットも借りられて助かった。これで少しは床ずれの痛みから解放されることだろう。

夜、大急ぎで賀状を書く。

ヘルパー派遣を依頼

翌日は「書き初め」けいこの最後の日であったが、早めに終わりにして病院へ診断書をいただきに行った。

そして、それを持って役所にヘルパー派遣のお願いに行く。

役所では「年末年始の休業に入るので、すぐには無理でしょう」と言われた。寒さと疲れとで、暗い気持ちで凍った星を見ながら自転車のペダルをこいだ。家へ着いたら追いかけて電話が入り、お正月でもヘルパーを派遣してくださるとのこと。

嬉しかった。

今年（平成九年）は新年早々、タンカーの油流出事故から始まり、拓銀、山一証券等の大手企業の倒産が相次いだ。

「蝉しぐれ」の藤沢周平氏も亡くなり、大好きな作家の新刊を読む楽しみもなくなってしまった。

消費も落ち込み、金利も低く暗い一年だった。

反面、息子の結婚等、嬉しいニュースもあった。

香を焚き　招待状を　書く夜長

母は自宅へよく見えて、夕方仕事をしている私に代わって息子をよく散歩に連れて行ってくれた。可愛がって育ててくれたので、結婚式を見せられないのが残念だった。

長い一年も終わる。
今年の暮れは、いつ枇杷の花が咲いたのか、眺める余裕もなかった。

四　天寿を全うする

時にはユーモアも

年が明けて、一月五日。

便秘もせず、食欲もあり、床ずれもだいぶ良くなってきた。まずは一安心。

塾の「書初め」で忙しく、思うような介護はできなかった。

娘も仕事が始まるのでアパートへ帰ってしまった。

私はそれまで介護記録をずっと付けてきたが、疲れてきて細かく記録する気力もなくなってきた。

ある日の母とヘルパーさんとの会話を小耳に挟んだ。
母「名前は　ほねかわやせこ。年は九十八歳」
ヘルパーさん「フーン、珍しい名前だね」
母「珍しいでしょ。新しく自分でつけたんだから」
ヘルパーさん「そおう、なかなかユーモアがあるね」
そんなことを言って、ヘルパーさんを笑わせていた。
ヘルパーさんの言うとおり、母は案外ユーモアのある人のようだ。

楽しみは　食べる事のみ　寝たきりの
母に九十八歳の　赤飯を炊く

自分にご褒美を

銀行に生活費を引き出しに行ったついでに、その近くの時々のぞく古美術店に寄ってみた。

前から欲しかった青磁の飾り皿を一枚買うことにする。

お店のご主人も寝たきりの人の介護の経験があるそうで、あれこれ語り合って少し気分が晴れた。

伊万里の皿は一万二千円だった。

母の介護でどこにも出かけられないし、夫がゴルフに行くと一回でそのくらいかかるのだからなどと自分に都合のいい言い訳をしながら包んでもらった。

疲れたとき、美しいものを眺めるのは心が安らぐ。

久々に図書館にも寄り、本を数冊借りてきた。

四季の移ろい

年月は淡々と過ぎて行く。

庭の山野草の棚だけが四季の移ろいを感じさせてくれた。

それを眺めるのが一番の楽しみ。

白梅が咲くと鉢を枕元に持ち込んで、菅原道真が大宰府に流されて失意のうちに亡くなった話などする。

母は歴史が好きで、百人一首もすべて覚えている。

道端に落ちている一片の紙でも文字が書いてさえあれば拾って読んだそうで、常に学ぶことを忘れない。どんなに学校へ行きたかったことか。

病み伏せる　母に草餅　作らむも
川原に萌えし　蓬《よもぎ》摘みをり

盆栽の　梅咲きたれば　枕辺で
母としばらく　梅の花談議

母は全部揃っていた歯も次第に抜けてきて、食べられるものも限られてきた。玄米スープ、パン、葛湯、甘酒、餅、野菜の煮物……等々。

歯がなくなって、笑うと可愛いので、

「写真を撮ってあげようか」

と言ったら、

「今はだめ、起きられるようになったら撮ってもらう」

と言って笑う。

年寄りは一週間寝たら歩けなくなると聞いていたが、何年も寝ていて肉の落ちてしまった細い足で、また歩こうという意欲を持ち続けていることに脱帽した。

夢の中で縫物？

また、あるときはおむつをちぎって枕元に山のように積んであったので、

「おばあちゃん、やったわね」

と声をかけたら、

「寝てばかりいて申し訳ないので、縫物でもしようと思ったがうまくいかない」

と言う。

母は針仕事が達者で、他人の仕立物も引き受けていた。

若い頃は一晩で浴衣を三枚も縫ったことがあるとか言っていたので、きっと夢の中で縫物をしていたのであろう。

　使い捨ての　時代に背を向け　不自由な
　　目で足袋を継ぐ　明治の母は

年をとることは誰にも平等に訪れることであるが、何と寂しいことだろう。

哀れで悲しかった。

身体や指先をきれいに拭いてあげながら涙がこぼれた。

私は次第に疲れがたまってきて、血圧が二三〇くらいまで昇って薬が必要になったり、右手首を疲労骨折したりした。

冷たい手で身体に触れないように、息で手を暖めながらおむつ替えをするのだが、寒さは介護する側にもされる側にも厳しい。

骨折の　癒えし手首を　庇《かば》いつつ
　母のむつきを　替える秋の夜

日本水仙

年末も近づいてきたある日、大掃除の合間を縫って庭に咲く日本水仙を切ってきて見せたら、手に取って、

「いい香りだねえ」

と喜んだ。

日本水仙は寒中（十二月〜翌二月）に咲き、お寺の裏庭にもあって、父が松と合わせてお正月に大壺に活けていたのを思い出す。

床ずれは良くなったり、悪くなったりしながら大事にならずに月日は流れていった。

私も夜になると疲れがドッと出て、コツコツとつけていた介護日記も細かく記録することが稀になった。

ついに百歳に

平成十三年（二〇〇一）、ついに百歳になった。

総理大臣名の表彰状と銀杯をいただいた。

高齢で結婚したにもかかわらず、ひ孫も見ることができた。

（平成九年に結婚した私の長男に子どもが生まれていた）

私は夫への気兼ねもあって、様子を見に行っても、母が目をつぶっていたら、「一生の疲れを癒しているんだろう」と、声をかけないで帰ることも多かった。

母、永眠

翌平成十四年（二〇〇二）、百一歳の誕生日を迎え、お盆も終わって一週間ほどたった頃、突然目を開けて、仲の良かったすぐ下の弟の名を呼んで、そちこち見まわしていた。

足が紫色になり、お腹も張ってきたので、いよいよそのときが来たかと感じた。召されるときは、一番仲の良かった人が迎えに来てくれると聞いたことがあるので、仲の良かった弟の名を呼んだのかもしれない。

台風が近づいていて風雨が強かったが、先生に往診をお願いする。

先生は強い風雨の中、すぐ来てくださって、

「早くて今晩、長くて一週間。よく看たね」

と言ってくださった。


翌朝五時過ぎに、水をたくさん飲ませて、ちょっと自宅へ朝食作りに帰った隙に息を引き取る。

六時十五分、永眠。

妹にまかせないで、最後に手を握ってあげたかった。

「がんばったね」

と声をかけてあげたかったのに……。


先生は、寝ついた時点で九十六歳という年齢からいっても、じきにだめになると思ったらしく、年に一、二回熱を出して注射を打ってくださる度に、

「面倒見がいいから元気でいられるんですよ」

と言ってくださり、それがいつも励みになっていた。

蜩《ひぐらし》の　降るごと山の　寺暮れて
　百一歳の母　土に還りぬ

畑仕事　好みし母故　一握の
　土を入れにき　棺の隅に

しめやかに　母送る日の　蝉しぐれ

すすき野を　登りて母を　納骨す

五　母の残してくれたもの

諦めない心

大勢の方々のお世話になり、痛い思いもしたが、希望通り自宅で百一歳という天寿を全うできて、きっと満足だと思う。

しかし五年半もの間、仰向けのまま寝返りもできず苦しかったろうに、何ら不満も言わずに堪えた忍耐力には頭が下がる。

年じゅう床ずれができていて、良くなったり悪くなったりしていたが、大したことにならずにすんだのは幸いだった。

最後までボケることもなく、「起きられるようになったら〇〇したい」といつも言っていた。自分としては、このまま寝つくつもりはないという意志表示だったのだろう。

「諦めない心」こそ、母が残してくれた財産である。

諦めさえしなければ夢はきっと叶う。

平均寿命が延びてきたとはいえ、百一歳まで生きたということはあっぱれだと思う。

長生きできたことについて、往診をしてくださっていた先生も、

「身近にいて、いつも家族の声が聞けたのが良かったのかもしれない。病院だとなかなかそうはいかないからね」

とおっしゃっていた。

私は車を運転できないので雨の日や風の強い日は病院には行けないが、家で看

ていたので毎日顔を見ることができたし、声を聞くこともできた。

それは私にとって喜びであったが、母にとっても心が安らぎ、生きる力になっていたのかもしれない。

「年々歳々花相似　歳々年々人不同」

今年も枇杷の花が咲いた。

「年々歳々花相似　歳々年々人不同」

と漢詩にあるように、時の流れとともに花は咲いていても、人は変わっていく。

母は遠く、一人淋しく小さな花を眺めるのみである。

母の残してくれたもの、それは物ではなく心である。

一生懸命働くこと
耐えること
人を思いやること
そして、何よりも生きる限り学び続けること

明治生まれの無学だった母だが、人間としての正しい生き方を、身をもって示してくれた。
これからも母の残してくれたものを大切に、残りの人生を充実させて生きよう。

初しぐれ　母よあの世も　淋しいか

母恋し　野分吹く夜は　尚更に

母恋し　更けて木枯らし　聴く夜は

妹のこと

最後に、母と生涯を共にしてきた妹のことを記しておきたい。

妹は生まれつき体が弱かったが、それでも十歳くらいまでは病気らしい病気はしていなかった。十歳を過ぎた頃に腸の病気にかかったことをきっかけに、それ以後手術を繰り返してきた。

美人で頭が良かった妹・尚子の若い頃

妹は美人で頭も良かった。

温和で、私と正反対の性格であった。

「一番欲しいものは健康だ」と言っていた妹は、元気な私が羨ましかったと思うが、晩年、「私には姉ちゃんがいてくれて良かった」と言って、何かと頼りにしてくれた。

最後に少しだけ老人ホームに入れていたが、母が逝って約十年後の平成二十五年（二〇一三）一月の雪の夜に、肺炎で亡くなった。七十二歳だった。

健康に恵まれなかったばかりに、気の毒な生涯を送った。

今はあの世で元気に過ごしていると思いたい。

おわりに

母と妹を見送って、五十キロに近かった私の体重は三十八キロにまで落ち、疲れからか大腿骨を折ってしまった。

リハビリのため、毎日ウォーキングをしているが、土筆が出た、梅が咲いた、蜩が鳴いた、紅葉が美しい……等々、四季の移り変わりの中で、いつも母を感じる。

野の花を愛でながら、その折々に母と交わした言葉も思い出す。

近頃は環境もすっかり変わってしまい、小川のほとりを歩いても、小さな生きものの動く気配は感じられない。

川の中のシジミもメダカも、ザリガニさえいなくなってしまった。

かつて、レイチェル・カーソン女史の著した『沈黙の春』が現実となってしまったのだろうか。

農薬、殺虫剤、除草剤等の化学物質によって、農作業などは便利になり、作物の生産量は増えたが、それと引き換えに自然が破壊されていった。

食品にしても昭和三十八年（一九六三）頃から、だんだん添加物を使用したものが増えてきた。それぞれ単独では無害とされていても、複合汚染による結果は解明されておらず、われわれは日々人体実験をされているように思う。

母の時代は食料難で、食べるに困る時代だった。

現在は豊かな食品の中から選んで食べなければならない時代になった。それが悲しい。

最後に、この本を出版するにあたり、お世話になった方々に心よりお礼を申し上げます。

著者プロフィール

斎藤 英子（さいとう えいこ）

昭和14年（1939）4月、千葉県に生まれる。昭和33年（1958）、県立一宮商業高等学校を卒業、日立製作所茂原工場に勤務。昭和42年（1967）、結婚により退職。平成9年（1997）より5年半にわたり母（96歳～101歳）の介護をする。

書道師範として、昭和50年（1975）～平成25年（2013）まで38年間にわたり、児童・生徒に書写教育指導。

趣味は読書、書道、俳句、短歌、水彩画、蘭作りなど。

枇杷の花咲く 清貧の中を凛と生き抜いた母

2019年9月15日　初版第1刷発行

著　者　斎藤 英子
発行者　瓜谷 綱延
発行所　株式会社文芸社
〒160-0022 東京都新宿区新宿1－10－1
電話 03-5369-3060（代表）
03-5369-2299（販売）

印刷所　株式会社フクイン

ISBN978-4-286-21012-4